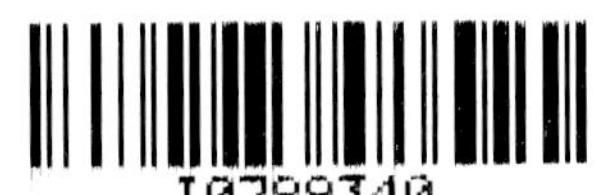

This book

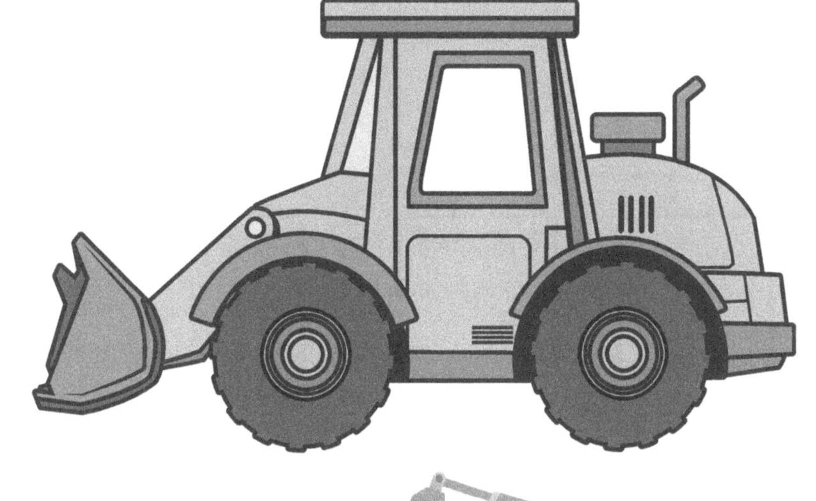

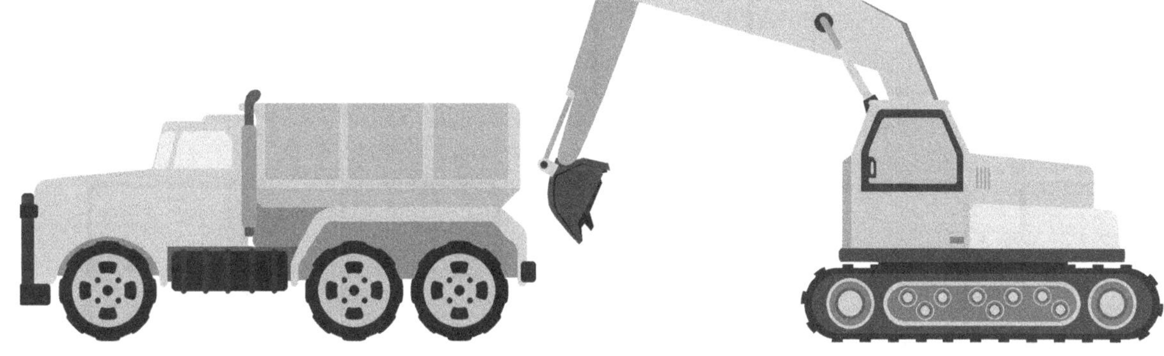

BELONG TO

. . . .

COLOR TEST

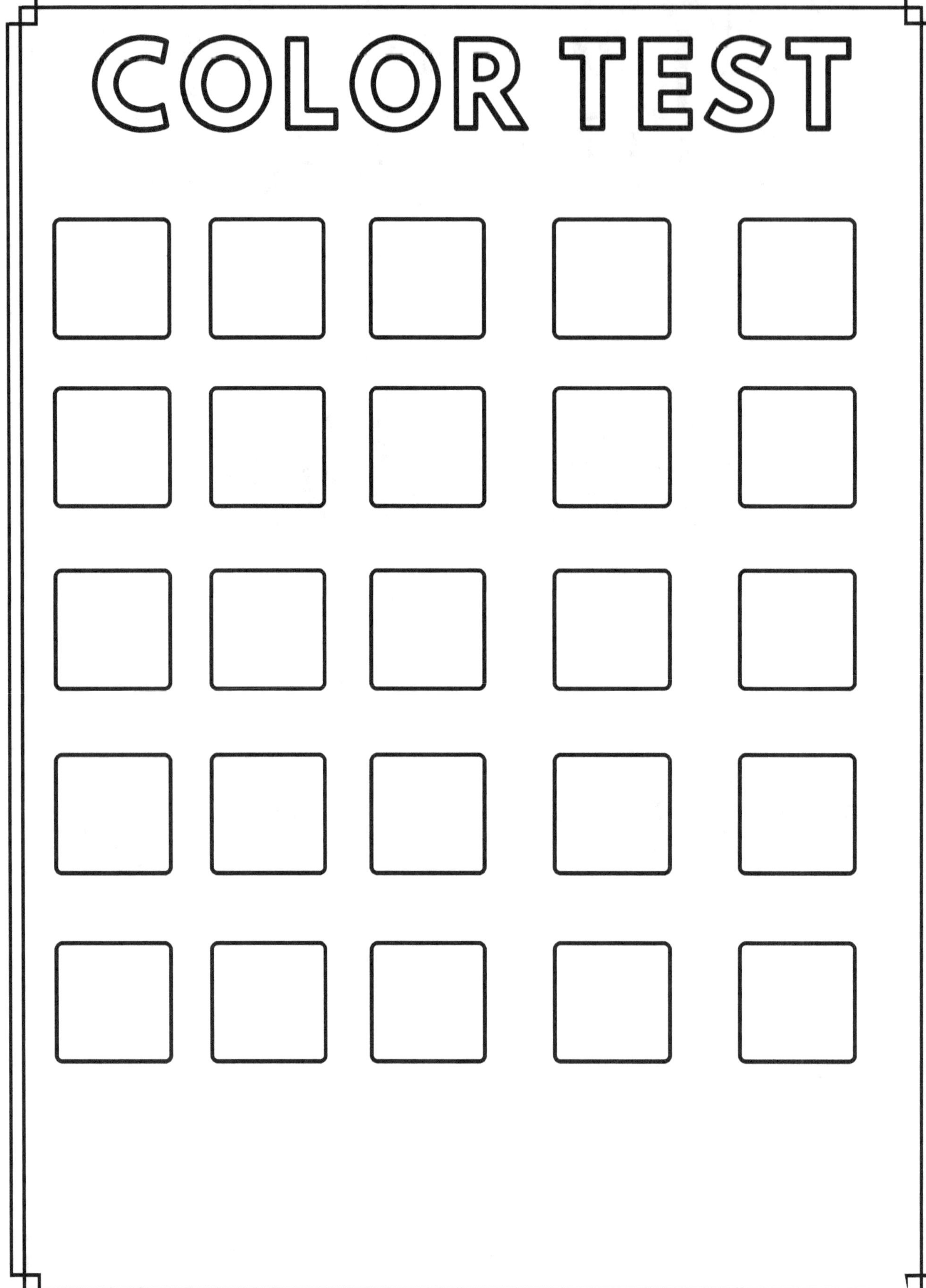

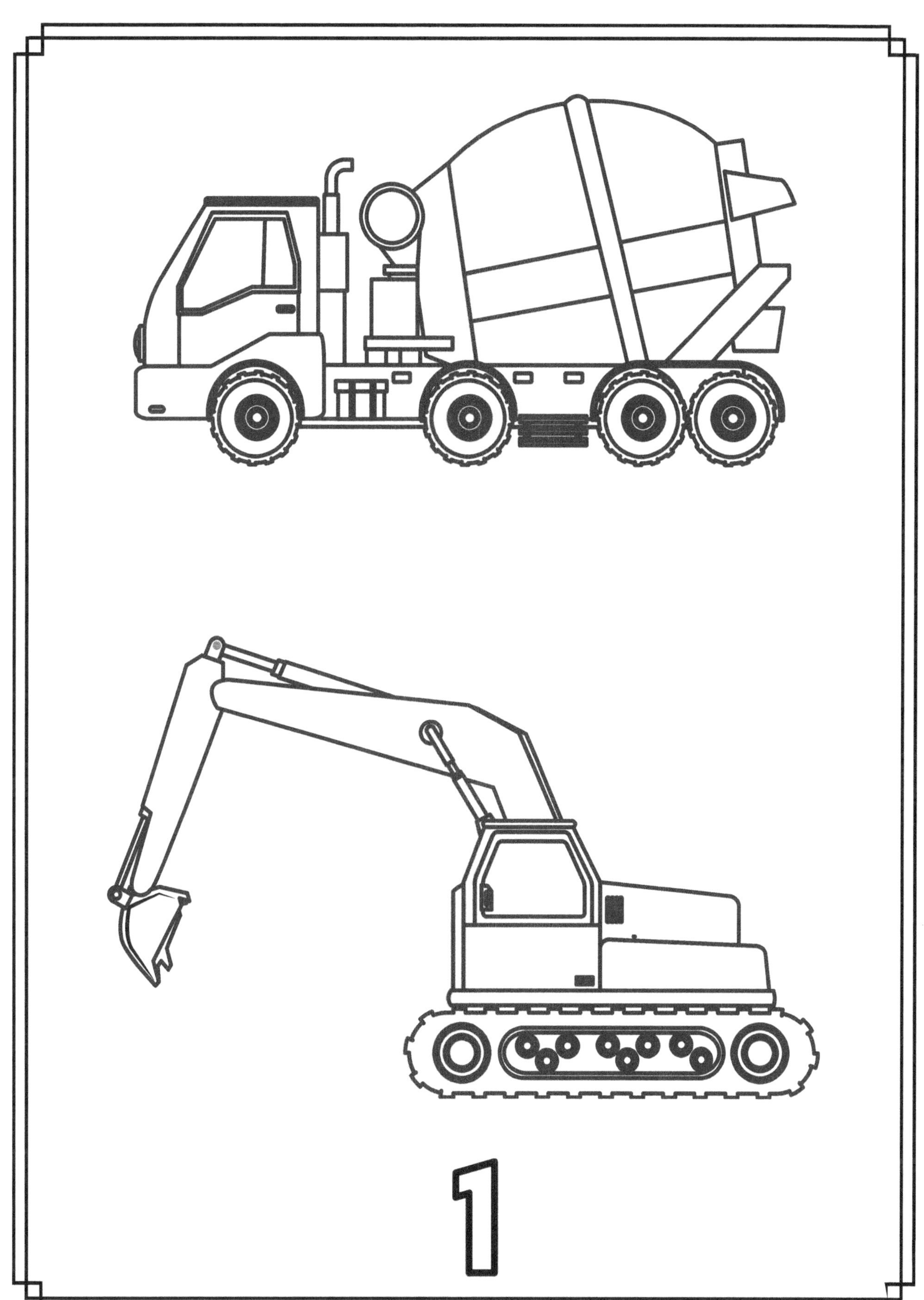

1

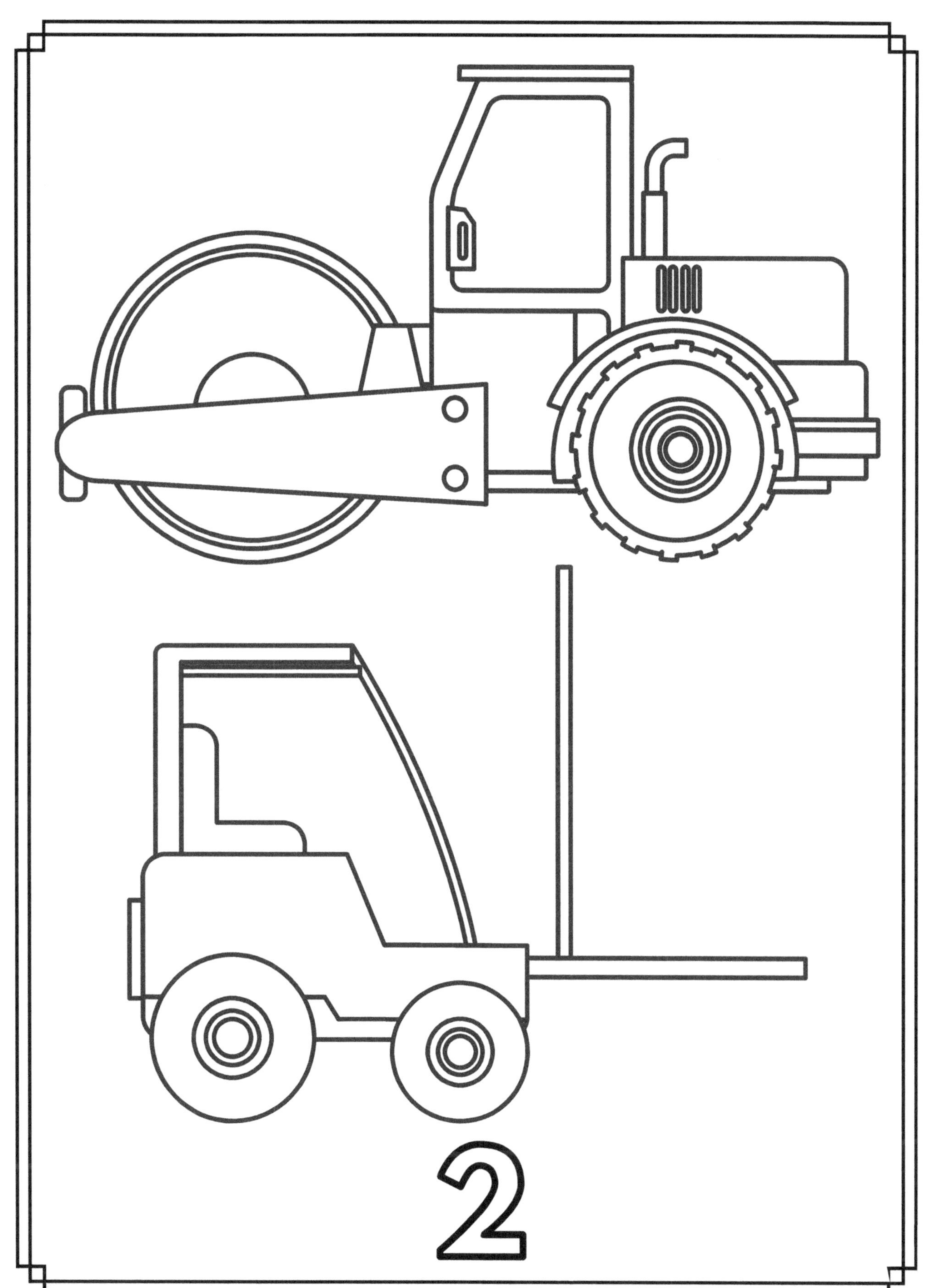

2

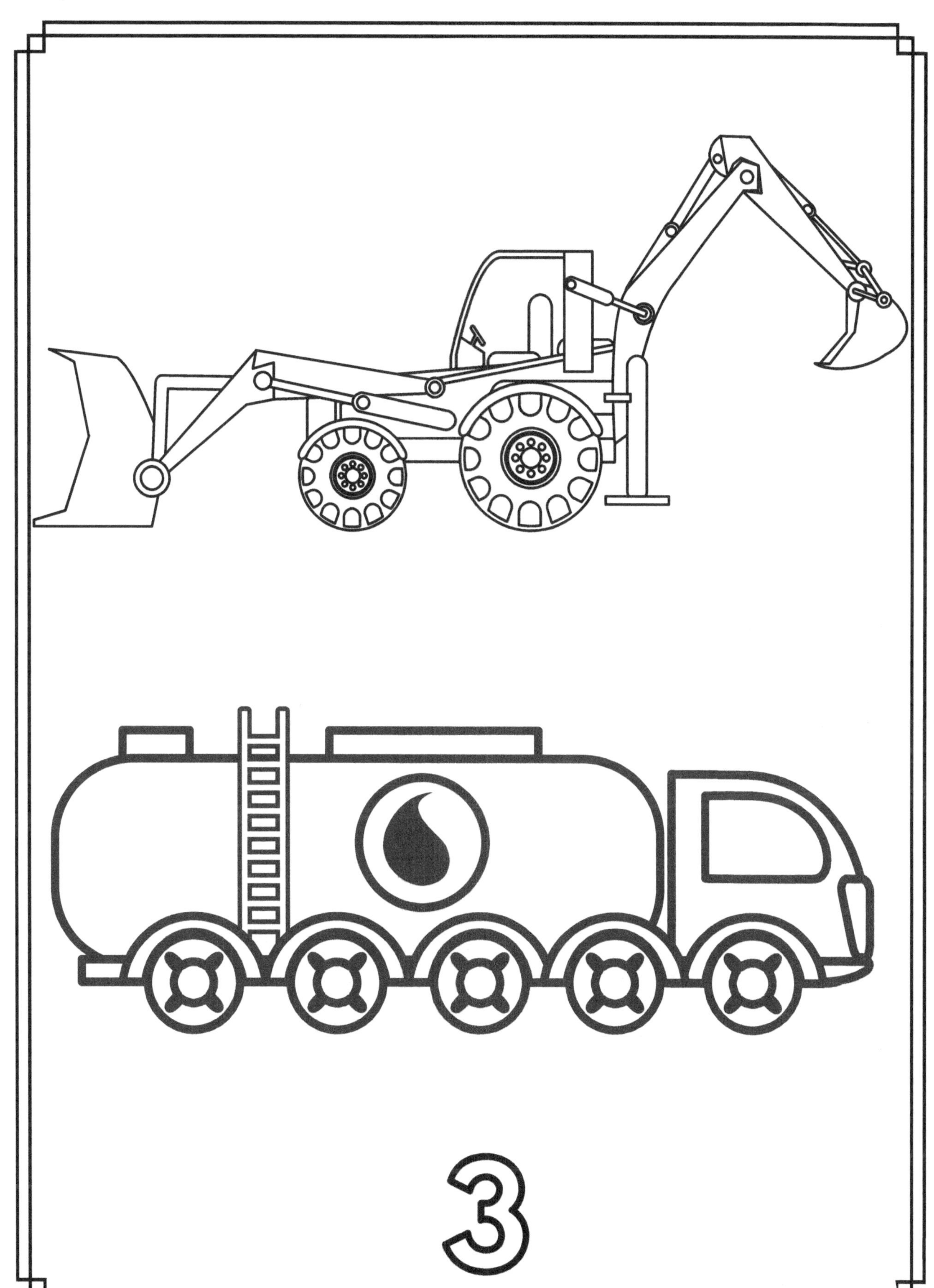

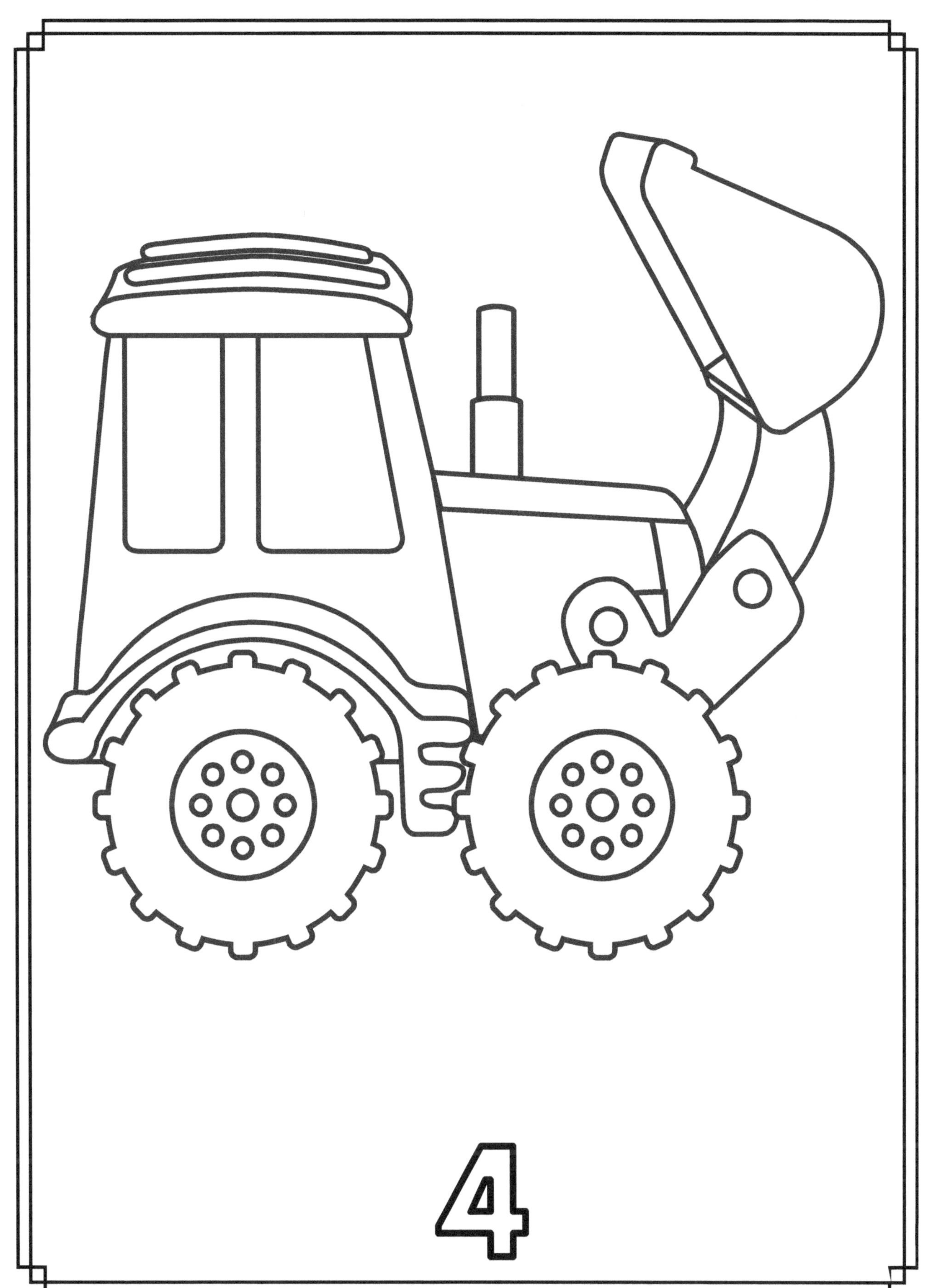

4

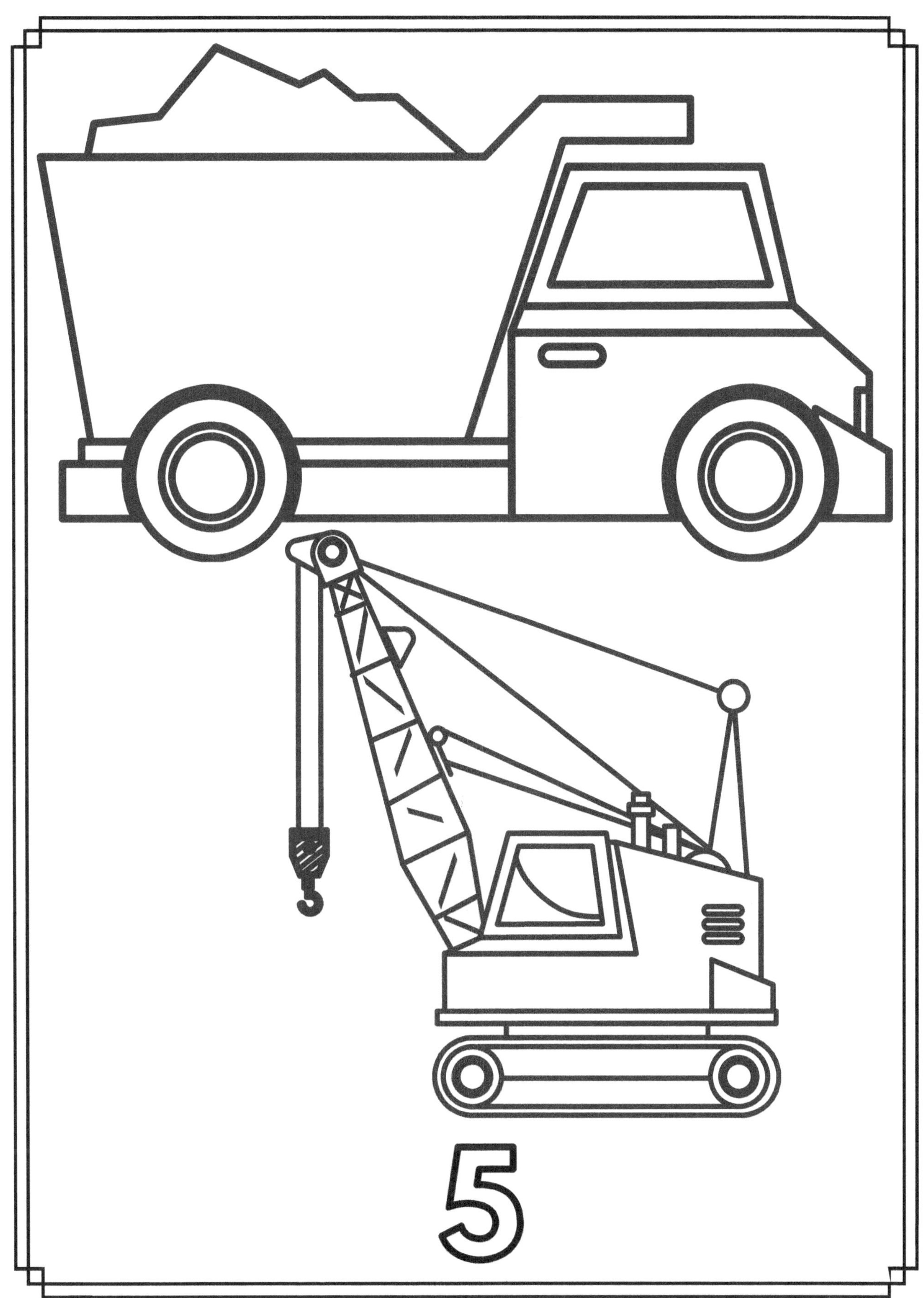

5

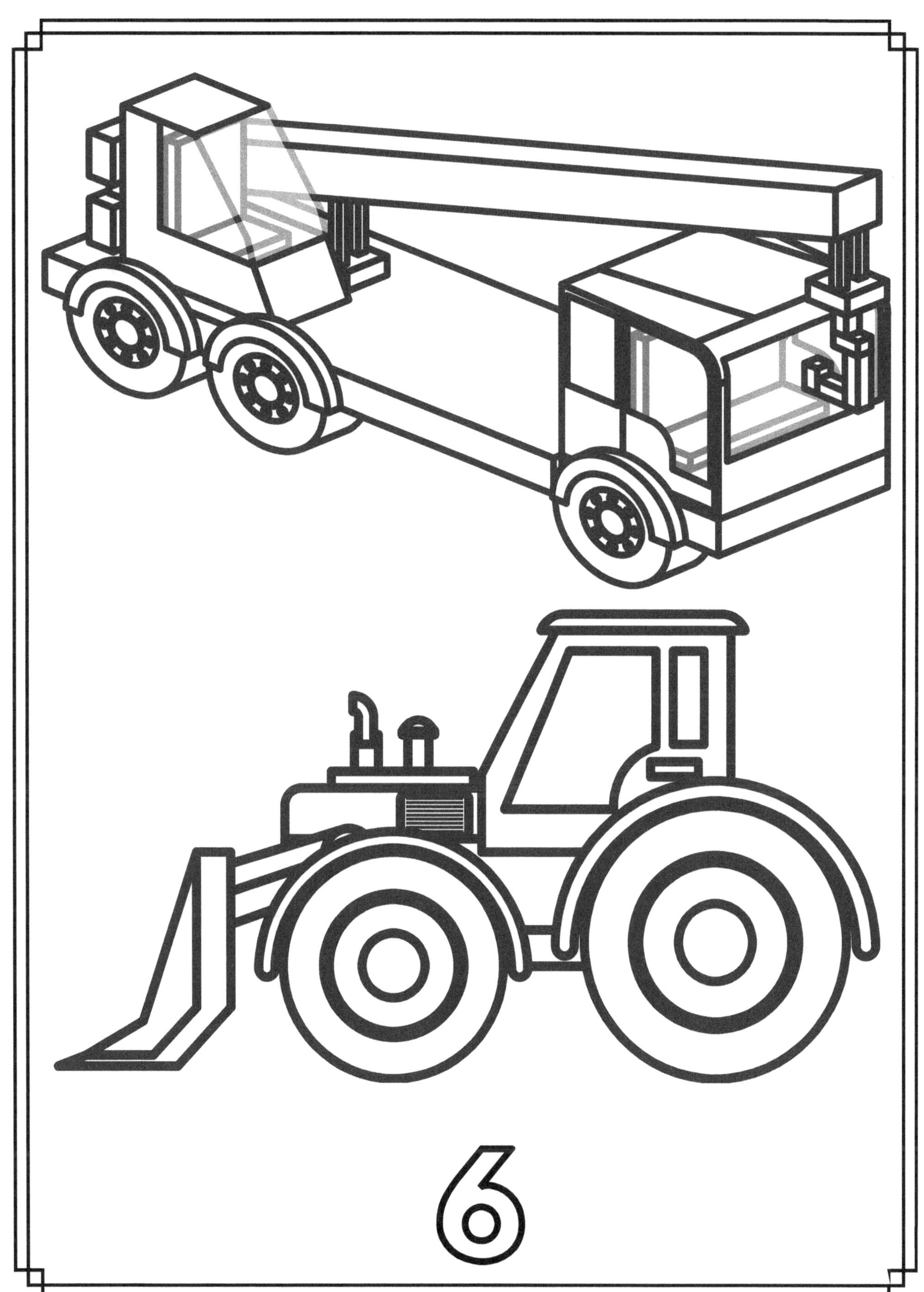

6

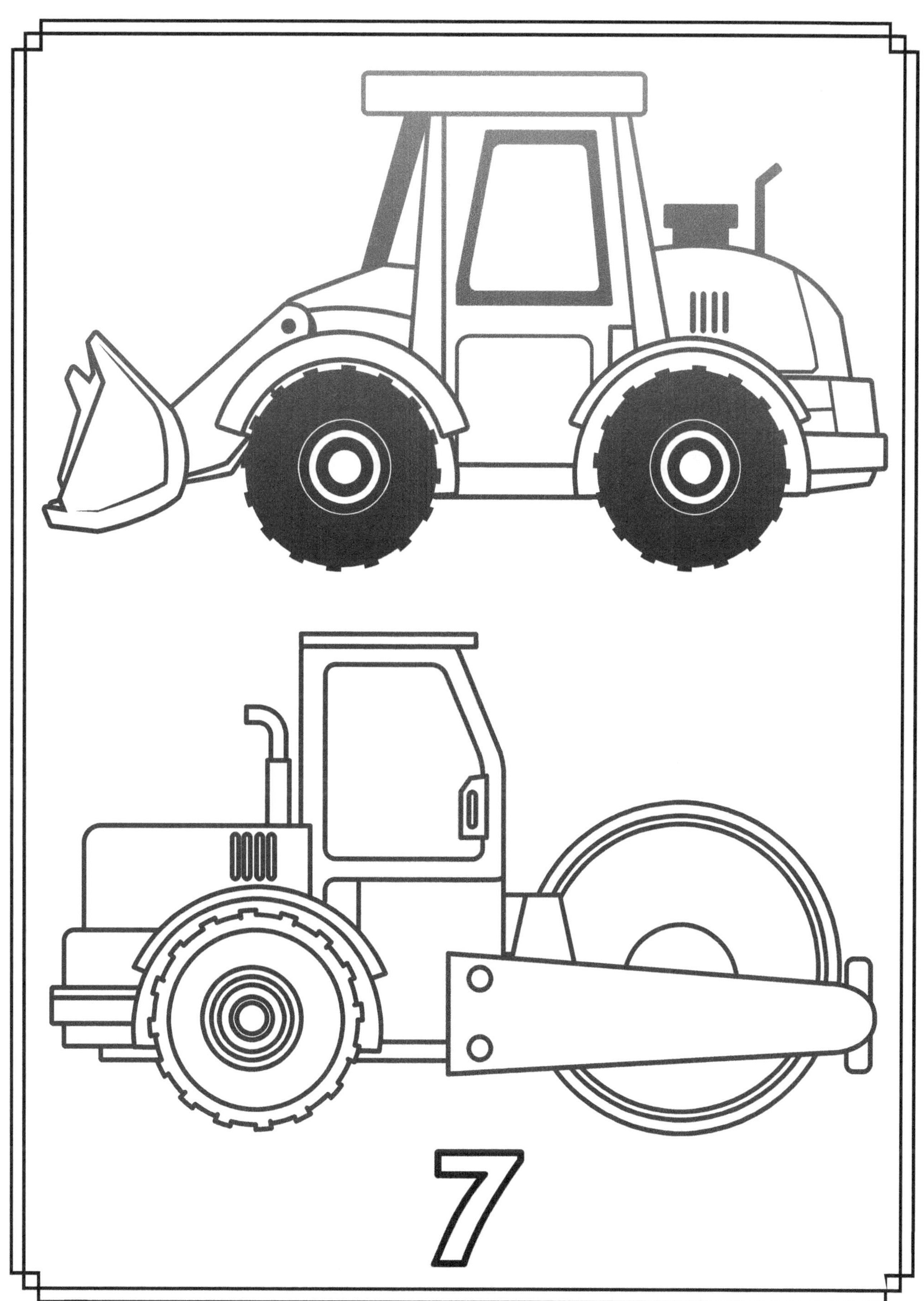

7

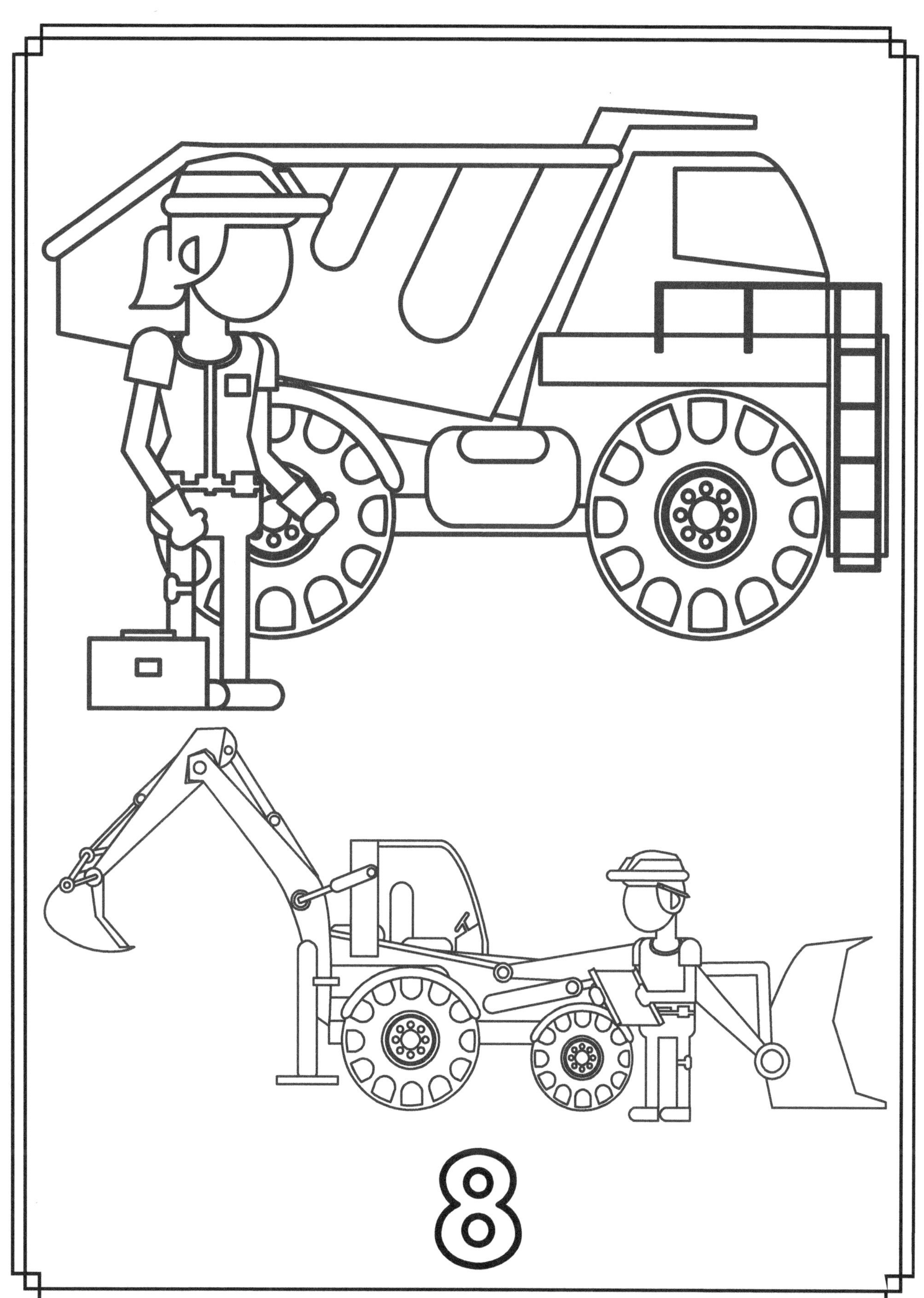

8

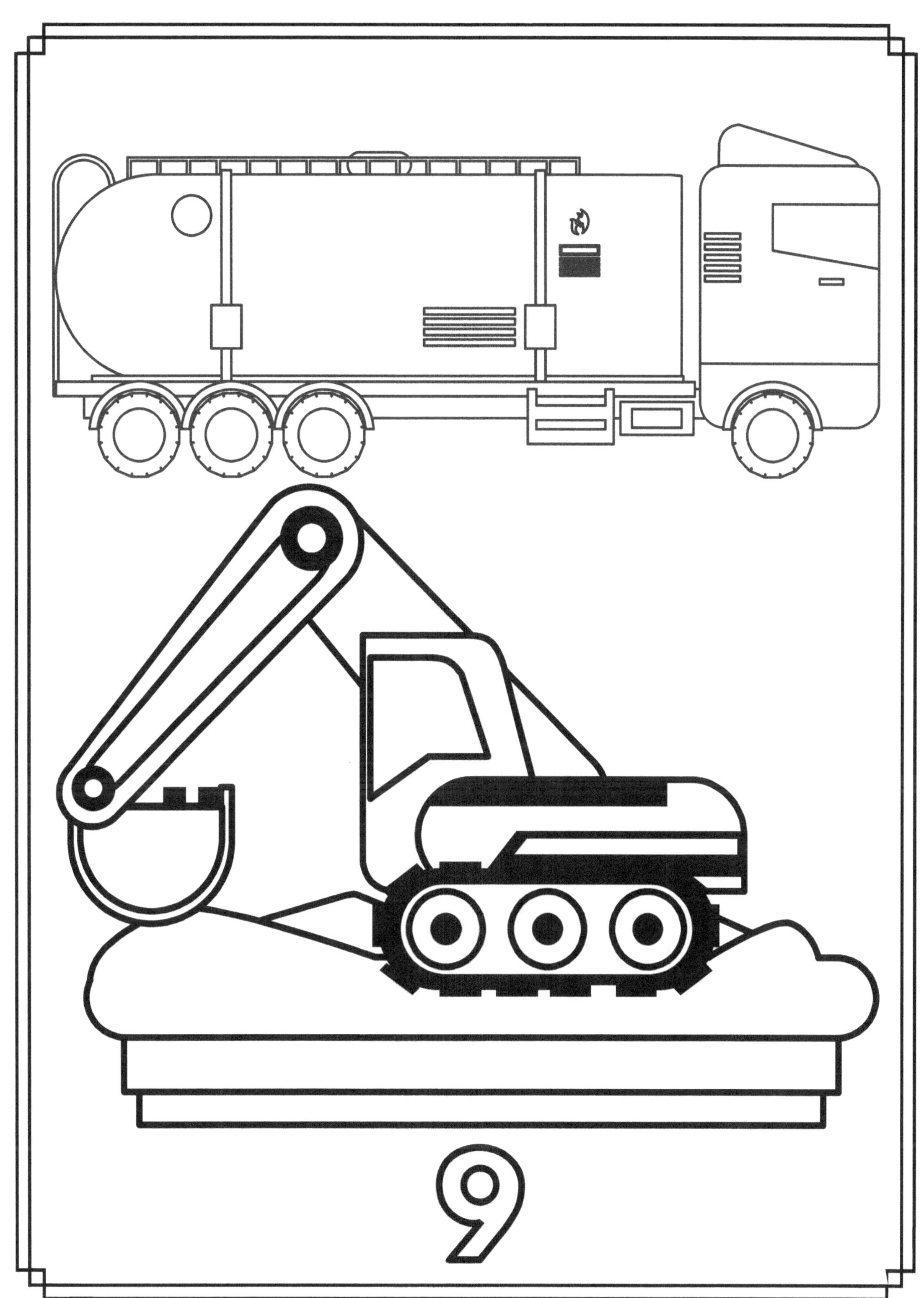

9

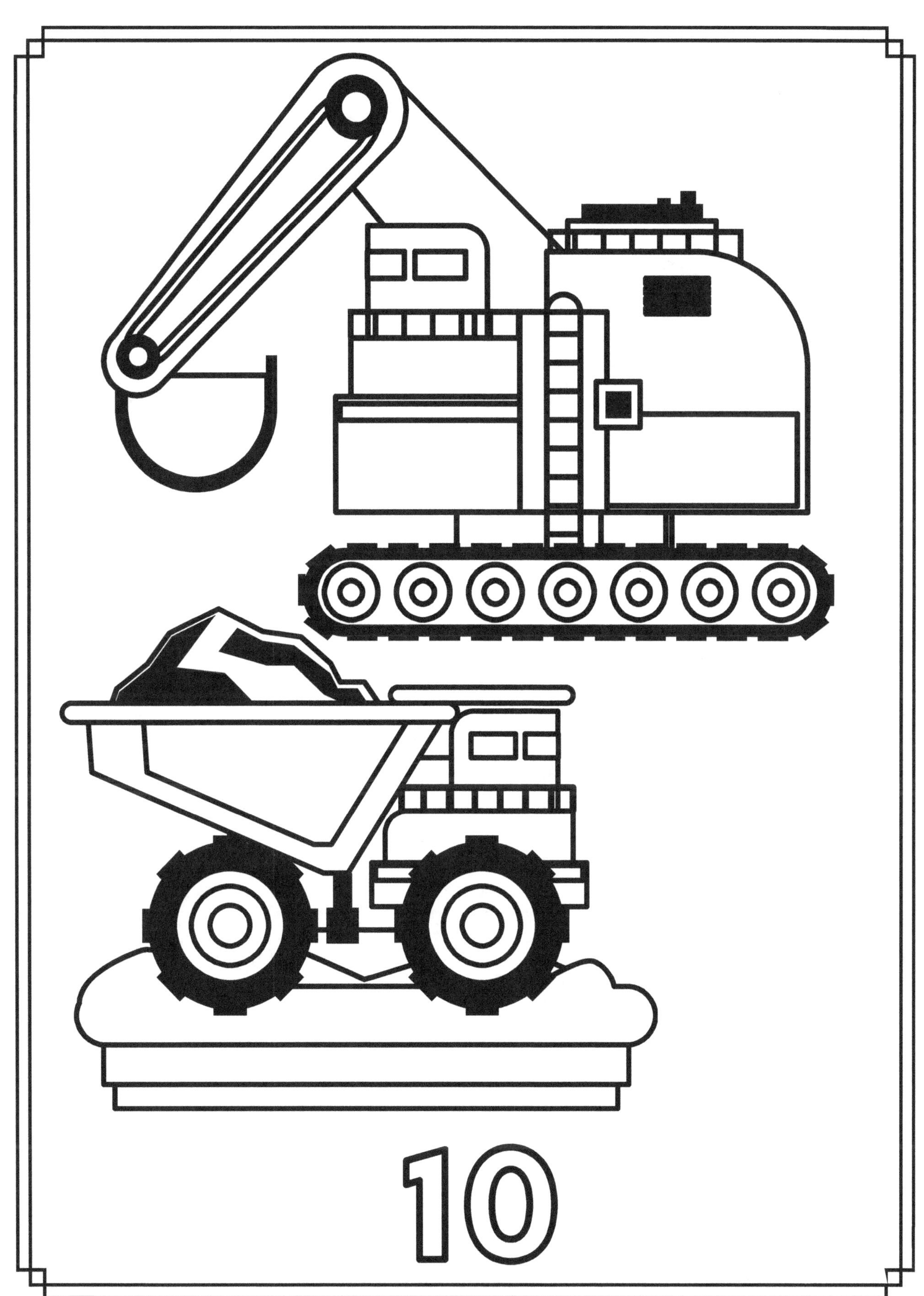

10

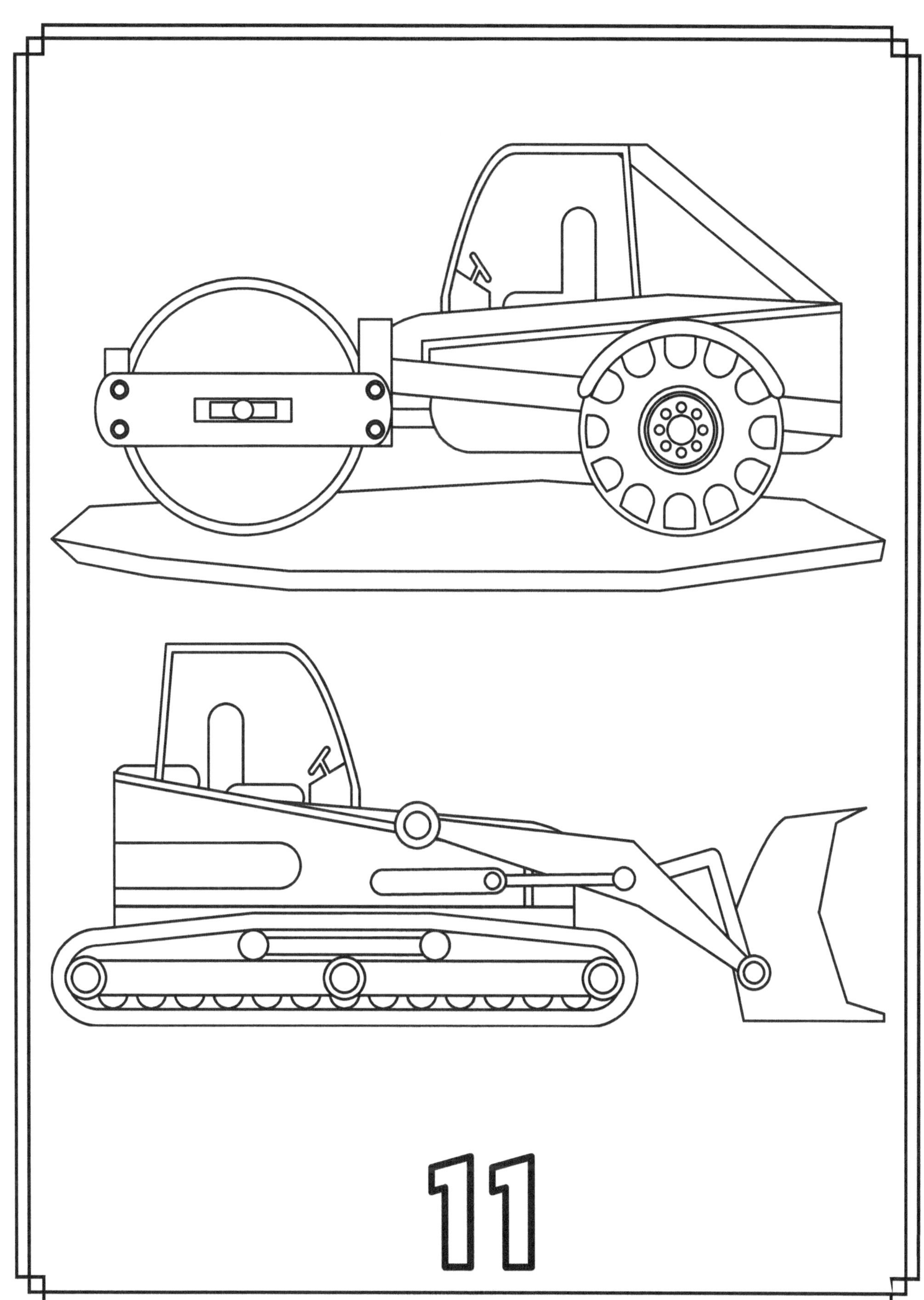

11